NOTICE

SUR LA

PAROISSE DE LAPEYRUGUE

AURILLAC
IMPRIMERIE MODERNE
5, Rue Guy de Veyre, 5

NOTICE

SUR LA

PAROISSE DE LAPEYRUGUE

AURILLAC
IMPRIMERIE MODERNE
6, Rue Guy de Veyre, 6

Les souvenirs vont vite. L'église de Lapeyrugue
est bâtie depuis 70 ans à peine ; déjà la génération
actuelle, dans notre paroisse, ignore à peu près
totalement les sacrifices extraordinaires, les travaux accablants, la générosité héroïque des Lapeyrugiens du siècle passé.

Nous avons mis au point divers détails, généralement d'après les documents officiels. Nous
offrons ce modeste résumé à nos bien-aimés
Lapeyrugiens, espérant que, connaissant mieux
les efforts puissants de leurs pères, ils s'attache-
ront davantage à leur église et au culte

AVANT-PROPOS

C'est en 1847 que furent posés les premiers fondements de l'église de Lapeyrugue. Avant cette date heureuse, près de 450 âmes, officiellement rattachées au diocèse de St-Flour et à la paroisse de Labesserette, ne recevaient de secours religieux suivis que du diocèse de Rodez et des prêtres de l'église de Pons. La distance de Pons à Lapeyrugue est de 4 kilomètres, celle de Lapeyrugue à Labesserette 9 k. au minimum. La difficulté des chemins, en ce pays « montueux, sablonneux, mal aisé », empêchait, plus encore que la distance, toute relation suivie avec la paroisse officielle. A Pons, de temps immémorial, la plupart des Lapeyrugiens recevaient le baptême et la sépulture; là se célébraient les mariages; là tous les enfants se rendaient pour le catéchisme et la première communion. Nombre de paroissiens, au dire de la tradition, parmi le sexe faible surtout, des personnes de 30 ans et plus, n'avaient jamais visité, paraît-il, leur propre église de Labesserette.

Les gens de Pons étaient habitués à voir les Lapeyrugiens chez eux; ils les regardaient un peu comme de la même famille paroissiale; on les voyait tous confondus devant les mêmes confessionnaux et les mêmes autels; jamais il n'y eut le moindre trouble, ni tumulte, ni murmure. Les évêques de St-Flour avaient constamment accordé tous pouvoirs aux prêtres de Pons. Ceux-ci étaient établis en fait pasteurs de ce quartier appelé le quartier-bas de Labesserette.

Cet état de choses présentait cependant des inconvénients nombreux. Les prêtres de Pons n'avaient et ne pouvaient avoir sur les habitants de Lapeyrugue, de tout temps un peu insoumis et frondeurs, la même influence que sur de vrais paroissiens. Ce peuple, presqu'indépendant toujours, vivait, disent les documents, à sa fantaisie, et il en résultait pour l'instruction et la moralité, des conséquences fâcheuses. Les prêtres de Pons avaient pour lui la même vigilance et le même zèle; c'était pourtant le quartier le plus indocile et le plus.... mettons indifférent. Les documents emploient une expression plus énergique et plus significative; nous ne la reproduisons pas.

Souvent, on avait désiré bâtir une église en quelque village plus ou moins central de la section de Lapeyrugue — les bonnes intentions ne sont pas immédiatement suivies d'effet dans notre pays, tout comme ailleurs — Plusieurs projets avaient été formés à diverses reprises et l'emplacement du culte fixé. Le village de Lassale avait d'abord recueilli les préférences unanimes, puis le village du Terradou. On ne donna pas suite à ces projets. Lapeyrugue est un pays peu fertile; la presque totalité des habitants se dit et, de fait, est pauvre et besogneuse — comme dans la plupart des communes avoisinantes —; les sacrifices à faire, considérables et accablants, auraient toujours fait reculer les quelques âmes de bonne volonté.

Cependant, l'administration diocésaine voyait avec peine cette portion du troupeau confiée à des mains dévouées sans doute, mais étrangères. Sous cette lente poussée administrative, ajoutée à la poussée latente, mais efficace de l'opinion publique — les habitants de la section qui se trouvaient à proprement sans église et sans pasteur, voulaient « leur » église et « leur » curé —; sur les réclamations enfin des prêtres de Pons que ce surcroît de travail gênait beaucoup, les projets, à la longue, se cristallisèrent et prirent une forme précise. Surtout, deux hommes de cœur se trouvèrent: M. Daidou, curé de Labesserette, et M. Raymond Delzons des Cazottes. Ils prirent l'affaire en mains. M. Daidou prit l'initiative; M. Raymond Delzons fut, disent les documents, « le personnage exécutif ».

Nous devons dès maintenant témoigner à ces deux hommes toute notre vénération.

Dans cette courte notice, nous ne pourrons tout relater. Notons, pour n'y pas revenir, que M. Delzons « se trouva, disent les registres, dans toutes les conventions et transactions; il fut certainement la providence de cette paroisse; depuis la pose de la première pierre jusqu'à l'achèvement de l'église, il encouragea constamment par ses visites, par son influence et ses sacrifices personnels ».

Construction de l'Eglise

En Septembre 1846, sur la demande de M. Daidou, curé de Labesserette, Mgr de Marguerye, accompagné de M. Jalabert vicaire général, vint à Lapeyrugue. Il examina soigneusement la position du
pays, des villages, et d'accord avec M. Daidou, autorisa la construction de l'église au bourg actuel de
Lapeyrugue. Il n'y avait alors à cet endroit qu'une
seule maison habitée ; les documents rapportent
qu'elle appartenait à un « sieur Guillaume Leybros. »

On choisit pour l'emplacement de l'église le mamelon de Lapeyrugue, — d'aucuns disent le rocher
de Lapeyrugue — parce qu'il était le plus central de
la paroisse projetée, et parce que surtout, croyons-
nous, le terrain ingrat et rude devait être d'une acquisition plus que facile. En outre, la pierre de
construction se trouvait à proximité ; on la retira
en effet en majeure partie du champ appelé aujour-
d'hui « Camp del Puech » ; ce champ n'est distant
que de quelques mètres de l'église actuelle.

Le terrain fut acheté par M. Delzons à Joseph
Cousségal de Fombalès. Le prix fut fixé à 20 fr.
« laquelle somme, dit l'acte de vente, a été présente-

ment comptée et payée par M. Delzons au dit Cousségal, ainsi qu'il le reconnaît et déclare, dont quittance et décharge ».   Le prix était modique évidemment; c'était l'équivalent d'une donation — Nous
n'avons pas lieu de supposer que pour atténuer les
frais d'enregistrement, ce prix a été simulé. Le terrain vendu comprenait l'emplacement de l'église, du
cimetière, du presbytère actuel avec cour et jardin;
de plus, dans le jardin attribué, était compris un
terrain que le conseil municipal et la préfecture
s'adjugèrent sans autre formalité en 1885, quand on
résolut de bâtir une deuxième école et d'attribuer
aux maîtres enseignants un jardin gratuit. Le conseil vota en bloc — sauf MM. Lucadou et Fournier —
cette mesure pour le moins insolite. La plupart des
conseillers d'alors sont morts, sans doute aussi le
secrétaire de mairie. Nous n'insisterons pas présentement, outre mesure.

Les travaux de construction commencèrent sans
plus tarder. La population s'était engagée verbale-
ment à fournir tous les matériaux: le bois, la planche, pierre, tuile, etc., à porter le tout sur place, et
à débourser en temps voulu, le quantum des frais
nécessités par les maçons, charpentiers, etc..

Avant l'entreprise des travaux, il fut convenu entre M. le Curé de Labesserette et M. R. Delzons, d'un
côté, et d'autre par le sieur Martin Estrade, maître-
maçon à la Chourlie, que celui-ci se chargerait de
tout ce qui concernait son état, pour le prix de 800 fr.
Pareille convention fut signée entre le sieur Chauzy, maître menuisier à Montsalvy, et les susdits Daidou et Raymond Delzons, d'après laquelle Chauzy

confectionnait la charpente pour la somme de 700 fr. Une autre convention fut faite entre Raymond Delzons, M. Bioulac, curé de Pons (Aveyron), d'un côté, et un couvreur domicilié à Banhac (Aveyron). Ce dernier se chargeait de la toiture pour le prix de 90 francs.

Les premiers travaux furent poussés avec ardeur. Il semble, à la lecture des documents, qu'une vraie fureur de travail se soit, à ce moment, emparée des futurs paroissiens de Lapeyrugue. Les fondements à creuser, la pierre à arracher, le bois, la planche à fournir, la tuile à préparer, tout commença, comme par enchantement, à sortir de terre.

Hélas, disons-le brièvement et sans hâte: ce fut un feu de paille!

Les ouvriers pourtant ne se mirent pas en grève. On était à la veille de la Révolution de février 1848; il ne semble pas que la poussée socialiste des réformistes parisiens ait influencé les « prolétaires » du Cantal, et particulièrement ceux de Lapeyrugue.

La cause initiale du ralentissement des travaux doit être attribuée aux dissensions intestines des Lapeyrugiens eux-mêmes.

Pour diriger les travaux, éviter les à-coups, conduire tout avec ordre, méthode et précision, il n'y avait pas de surveillant officiel. Tout devait se faire par persuasion; on attendait tout de la bonne volonté personnelle de chaque habitant. Quelques-uns — il s'en trouve toujours de ceux-là — poussés au travail uniquement sans doute par le souci de l'opinion publique, après un acte éphémère et tout de surface de bonne volonté, ralentirent leur soi-disant zèle. M. Daidou, malgré sa bonne volonté, se trouvait trop éloigné, il ne pouvait se rendre sur les lieux que très rarement. Il y eut des contestations, des altercations, des difficultés.

Le travail mal délimité engendra la désunion, la mésintelligence. Aucune autorité pour apaiser les discussions, surtout pour encourager les uns et stimuler les autres.

Bref, les dévoués, plus nombreux, mais comme toujours les moins turbulents et les moins braillards, se découragèrent.

Les murs de l'église étaient à peine sortis de terre que le travail n'avançait plus, et au milieu des récriminations réciproques, on n'entendait que des lamentations.

Sur ces entrefaites, l'évêque de St-Flour, Mgr de Marguerye, vint à nouveau, à l'occasion de la tournée épiscopale, dans l'arrondissement d'Aurillac, à Montsalvy. Mis au courant de la situation, il voulut se rendre lui-même à Lapeyrugue, juger de visu où en étaient les réparations et les dispositions d'esprit des Lapeyrugiens, et activer si possible la continuation des travaux. Avant de partir de St-Flour, Monseigneur, pensant sans doute que l'œuvre était plus avancée, avait écrit aux prêtres de Pons, leur annonçant qu'il voulait les voir chez eux et les remercier de tous les services que les prêtres de leur église avaient de tout temps rendus à cette portion de son troupeau.

Le 19 avril 1847, Sa Grandeur arriva à cet effet à Pons vers onze heures du matin, accompagné de deux grand'vicaires et de M. le curé de Montsalvy.

Après avoir adressé quelques paroles d'édification aux nombreux fidèles réunis à l'église, et leur avoir donné sa bénédiction, il dîna au presbytère et ensuite s'achemina vers l'église de Lapeyrugue. On y arriva vers 4 heures. Mgr trouva toute la population assemblée; on se réunit au milieu des murailles de l'église qui n'avaient pas encore un mètre d'élévation; Sa Grandeur engagea les prêtres de Pons à prêter leur concours à cette bonne œuvre; avant de se séparer on fit une quête; l'évêque donna lui-même l'exemple par une offrande généreuse, tous les prêtres présents firent de même, et les fidèles à leur tour y contribuèrent de leur mieux.

A dater de ce jour, les prêtres de Pons prêtèrent aux Lapeyrugiens un concours constant et très actif. M. le curé de Pons: Bioulac, les dirigea, les commanda et surveilla. Il était mieux placé, moins éloigné, plus connu que M. Daidou. L'église fut instantanément reprise. Sous une main vigoureuse, qui ne laissa jamais les travaux traîner en longueur, les retards du début furent bientôt annihilés, et l'édifice fut terminé dès le mois de Novembre de la même année. Nous pouvons dire que M. Bioulac, homme énergique et très actif, prit sa tache à cœur; car d'abord il mena rapidement l'œuvre à bonne fin, ensuite il eut la constance de se rendre pendant cinq mois consécutifs — lui ou son vicaire — sur les lieux, 4 et 5 fois par semaine, depuis 7 heures du matin jusqu'à nuit close, emportant avec lui tous les matins de Pons, sa pitance, mangeant avec les ouvriers, les surveillant, peinaut avec eux, les stimulant et les égayant au besoin. M. Bioulac fut largement secondé dans sa tâche par son frère, prêtre comme lui, et vicaire de la même paroisse. Tous deux étaient des hommes de valeur; ils ont laissé à Pons et dans les environs des souvenirs indéfectibles. M. le curé fut honoré plus tard du titre de chanoine de Rodez, et son frère, de la vicairie de Pons fut appelé directement, dit-on, au poste envié de curé-doyen d'Entraygues.

Insistons sur le mérite des frères Bioulac. Ils sont, à juste titre, cités au nécrologe de Lapeyrugue comme bienfaiteurs de la paroisse. Il fallait rester avec les ouvriers la journée entière, supporter avec eux la chaleur torride par ces crêtes brûlantes et arides, et le soir en rentrant, il fallait aller dans les villages s'enquérir de ceux qui devaient fournir la main d'œuvre du lendemain. — Nous avons dit que les Lapeyrugiens s'étaient engagés à fournir la main d'œuvre et à transporter tous les matériaux sur place — Comme on n'avait que des promesses verbales, et pas d'autres moyens que la persuasion, il y eut bien des mécomptes. La majorité sans doute, l'immense majorité était fort bien disposée; il y eut pourtant des contradictions à subir: quelques-uns s'obstinèrent à ne pas vouloir contribuer aux travaux; d'autres firent la sourde oreille — nous supposons que les récalcitrants se trouvèrent de préférence du côté de Lassale et autres hameaux avoisinants, où les habitants auraient sans doute désiré, pour l'emplacement de l'église, Lassale même, conformément aux premiers projets. — Ce ne fut qu'à force de se raidir contre les obstacles, d'encourager, de stimuler, que l'entreprise réussi.

Notons que le gouvernement ne donna rien; la commune pas davantage. Tout fut à la charge de la section. Après avoir fourni tout, l'avoir porté sur place, il fallait encore par intervalles vider sa bourse, pour frais supplémentaires, entre les mains de M. le curé de Pons et de M. Delzons qui lui aussi venait très souvent visiter les ouvriers. La tuile coûta beaucoup de peine; on ne put rencontrer à proximité de carrière convenable; il fallut aller extraire les moëllons près de la rivière du Goul, au-dessous du Bos, et les porter jusqu'au Mas au moyen de mules. Il faut connaître le pays et les ravins du Mas pour juger des difficultés de ce travail cyclopéen.

Enfin, à force de fatigues, d'opiniâtreté et de constance, l'église fut terminée dans le mois de Novembre.

Les limites restreintes de cet opuscule ne nous permettent pas d'ajouter de plus amples détails: sur les dimensions de l'édifice, sur son style (avouons à ce sujet: il y aurait seulement deux mots à dire), son prix coûtant, etc.

Bénédiction de l'Eglise

Vers l'époque où l'église fut terminée, en novembre 1847, Mgr l'Evêque envoya un curé. Le premier prêtre désigné fut Jacques Théron, vicaire d'Ayrens, canton de Laroquebrou.

Naturellement, le premier soin du curé fut de se procurer les objets indispensables au culte : autel, ciboire, calice, ornements, ostensoir, chemin de croix, etc., etc.. L'église était nue, on le conçoit sans peine, au départ des ouvriers. La fabrique de Pons donna d'abord les objets de première nécessité. Il y eut aussi dans l'église de Pons, sur l'initiative de M. Bioulac, une quête au profit de Lapeyrugue. Cette quête produisit environ 200 francs.

La section de Lapeyrugue, avec quelques autres ressources, acheta ensuite le maître-autel, puis divers accessoires, des croix processionnelles, d'autres objets.

On fit appel à quelques bonnes âmes. M. Pouget, curé de Flaugeac (Aveyron) donna 200 francs qui servirent à acheter un ostensoir, une custode et un ornement couleur d'or.

Une bonne fille, née au village de Roquechauffreix, Marie-Jeanne Crantelle, fit don d'un ciboire. M. Delzons des Cazottes offrit un calice, quatre chandeliers de cuivre, un autel, des ornements et une foule de menus objets provenant de la chapelle de son château. Nous n'énumérerons pas tous ces objets : à notre époque d'anticléricalisme surchauffé, tous ces objets feraient par leur appellation hausser la tête des soi-disant « esprits forts. »

M. J. Danzier, propriétaire de la chapelle du Puech (paroisse de Pons-Aveyron) envoya, dit-on, quelques ornements.

Hugues Fournier du village des Guéribaldes, donna diverses petites choses provenant des prêtres qui pendant la Grande Révolution, s'étaient réfugiés dans les gorges étroites et abruptes du Don ou du Goul et pouvaient parfois, malgré les rigueurs officielles, célébrer les saints mystères et faire un peu de ministère, dans les maisons amies, comme aux Guéribades. A ce contingent de choses pieuses, M. Fournier joignit aussi divers objets laissés dans son habitation par les fidèles et prêtres dit « enfarinés ».

D'autres dons furent faits ; nous les mentionnerons dans un chapitre spécial.

De plus, la paroisse elle-même sut s'imposer. Aux comptes de fabrique nous trouvons une somme de 460 francs perçue par le moyen de quêtes.

M. Théron, évidemment, n'attendit pas tous ces dons pour exercer son ministère. Dès qu'il eut le nécessaire, il s'empressa de faire bénir l'église. Elle fut bénite solennellement le 14 février 1848. M. Brioude, curé-doyen de Montsalvy, présidait, entouré de la plupart des prêtres des environs. C'était la joie dans tous les cœurs des Lapeyrugiens ; après les fatigues, les sacrifices, les soucis, les tergiversations, les tâtonnements, c'était enfin le contentement des âmes et l'orgueil de l'œuvre accomplie.

Voici l'acte officiel de la bénédiction : « L'an 1848 et le 14 février, nous, curé-doyen de Montsalvy, député par ordonnance de Mgr l'Evêque de Saint-Flour en date du 4 janvier de la même année, à l'effet de bénir l'église qui vient d'être construite au lieu appelé Lapeyrugue, canton de Montsalvy, nous sommes transporté au dit lieu de Lapeyrugue les jour, mois et an que ci-dessus ; et ayant reconnu que cette église était en état de pouvoir être bénite, avons procédé à cette bénédiction, assisté de plusieurs ecclésiastiques, et en présence d'un peuple nombreux, et en observant tout ce qui est prescrit dans le Rituel romain. Cette église a été dédiée à l'Auguste Marie, sous le vocable de l'Assomption. Une allocution analogue à la cérémonie, a été donnée à cette occasion par M. Brioude, curé-doyen de Montsalvy. Fait à Lapeyrugue, les an, mois et jours susdits. »

Suivent les signatures de MM. Brioude, curé-doyen, Théron, chapelain, Montourcy, Bioulac, Raymond Delzons, Lucadou, Plénacoste, Versepuech, Chauzy, Vernerie, Guibert et plusieurs autres dont la griffe est illisible.

Le même jour, par le même délégué, et en présence des mêmes témoins, fut béni le cimetière.

Ajoutons que M. Théron, premier curé, à son arrivée à Lapeyrugue, n'avait pas « où reposer sa tête ». Le presbytère n'était encore qu'un projet. M. le curé afferma une chambre à Guillaume Leybros, alors seul propriétaire de l'unique habitation qu'il y eut au chef-lieu de la nouvelle paroisse. Quelques réparations étaient nécessaires. M. le Curé reçut en attendant, l'hospitalité honorable, large et bienveillante de M. Delzons des Cazottes. Le prêtre passa aux Cazottes cinq à six mois, rapportent les documents, disant la messe pendant la semaine dans la chapelle du château, quand des circonstances ne l'appelaient pas à l'église.

Érection de l'Eglise en Succursale

M. Théron, premier desservant de Lapeyrugue, envoyé par Mgr de Marguerye dès la fin des travaux de construction de l'église, n'avait pas de traitement de l'Etat; parce que, pensons-nous, l'église, non encore érigée en succursale, n'existait pas légalement. La paroisse était obligée de payer le curé. Celui-ci, quoique se contentant d'une somme inférieure à celle du traitement normal, était au point de vue pécuniaire, un vrai fardeau pour ses paroissiens. Les Lapeyrugiens, en général peu aisés, aux propriétés peu fertiles et ingrates, épuisés par la construction de l'église, ne pouvaient subvenir au paiement du prêtre. Pour remédier à cette fâcheuse situation, on fit des instances réitérées auprès de Mgr l'Evêque; on le pria, on le supplia de faire classer au plus tôt l'église de Lapeyrugue comme succursale. Sa Grandeur, frappée de la gêne et de la misère de ce peuple, voulant les dédommager des énormes sacrifices accomplis et récompenser leur zèle, fit classer l'église un an après qu'elle eut été consacrée au culte, faveur extrêmement rare.

L'arrêté du ministère des Cultes est daté du 15 mai

1849. Le rescrit épiscopal date du 25 mai de la même année.

A partir du mois de mai 1849, la paroisse de Lapeyrugue fut donc en droit indépendante de la paroisse de Labesserette. Au point de vue civil, Lapeyrugue resta tributaire de Labesserette jusqu'en 1876.

Nous souhaitons que les Lapeyrugiens ne retombent jamais, ecclésiastiquement, sous la dépendance de quelqu'une des paroisses voisines. Après les habitudes acquises, ce serait certainement pour cette population, encore chrétienne, un gros malheur. A chaque paroissien de comprendre son devoir en ce temps de séparation.

La circonscription de Lapeyrugue se compose officiellement des hâmeaux suivants : tous désignés nommément dans chacune des lettres d'érection soit gouvernementale, soit épiscopale — quelques-uns de ces hâmeaux n'existent plus — : Lapeyrugue, le Valat, la Fons-du-Puech, Roquechauffreix, Bouesque, Guéribaldes, Courbesserre, la Plane de Courbesserre, Lagoutte, Lagat, Combecave, Fombalès, Cassenode, le Terradou, Lassale, Pailhes, Bel-Air, le Salès, la Bournionne, Laroque, la Croix-des-Chars, la Grange-de-Marceau, la Grangette Bois-de-Vaurs. Laborie, Lasparos, les Croizettes, Leucamp, Molèdes, le Bos, Louradou, la Grange-de-Cellier, Lamayou, les Sagnes.

Quelques-uns de ces hâmeaux, nous l'avons dit, n'existent plus. Ils ne se composaient primitivement que d'une piètre habitation et d'un séchoir pour châtaignes ; quand, pour une cause fortuite ou par vétusté, l'habitation fut désertée, on reconstruisit en général, plus à proximité des autres villages. Ce serait à croire que nous devenons plus sociables, si la recrudescence des haines de classes et les rivalités privées ne démentaient la théorie, si l'expérience ne démontrait que nous devenons de plus en plus égoïstes, peu fraternels et finalement peu sociables.

Liste des curés de Lapeyrugues

On successivement dirigé la paroisse :

MM. Jacques Théron : 1849-1854.
Pierre Dubois : 1854-1859.
Jean-Louis Vidalenc : 1859-1866.
Pierre Vixège : 1866-1877.
Antoine Prat : 1877-1879.
Jean Félix : 1879-1895.
J.-B.-F. Delrieu : 1895-1903,
B. Floris : 1903-1907,
L.-G. Bruel : 1907-

Nous n'avons pas qualité pour apprécier les mérites respectifs et les qualités diverses de ces diffrents prêtres. Nous nous bornerons dans ce chapitre (?) à cette succincte énumération.

A titre de renseignement particulier, mentionnons encore que les divers maires de la commune furent :

Hugues Fournier.
Jean-Pierre Plénacoste.
Pierre Lucadou.
Hippolyte Cellier.

Conseil de Fabrique

Le 8 avril 1850, sur rapport adressé à Mgr Frédéric-Gabriel-Marie-François de Marguerye, évêque de St-Flour, par M. Théron, curé, furent nommés membres du conseil de fabrique de Lapeyrugue : Hugues Fournier, du village des Guéribaldes, Antoine Couderc, de Lassale, Jean-Pierre Plénacoste, de la Bournioune.

D'après les lois et règlements alors en vigueur, Mgr l'Evêque avait le droit de désigner 3 membres, et le Préfet 2 membres. Le 3 avril 1850, la préfecture du Cantal adressait au maire de Labesserrette : Lucien Sérieys — rappelons encore que Lapeyrugue a fait partie de la commune de Labesserrette jusqu'en 1876 — la lettre suivante : « J'ai l'honneur de vous adresser ampliation d'un arrêté en date du 29 mars dernier, par lequel j'ai nommé conseillers de fabrique : M. Raymond Delzons, des Cazottes, et P. Lucadou de Molèdes... »

Le 13 avril 1850, M. Théron, curé, lut au prône de la messe paroissiale les ordonnances de Mgr l'Evêque et de M. le Préfet, puis convoqua les membres désignés. « Les membres nommés, dit l'acte officiel, déclarèrent accepter ; le conseil constitué procéda à l'élection de son président et du secrétaire; le scrutin ouvert, R. Delzons fut élu président à l'unanimité des suffrages, Hugues Fournier secrétaire, à la pluralité des voix. »

A la même séance, on tira au sort les membres qui devaient composer le bureau des marguilliers. Le sort désigna MM. Raymond Delzons, Hugues Fournier et Jean-Pierre Plénacoste. Ce dernier fut nommé trésorier.

Le conseil de fabrique fut donc composé primitivement de R. Delzons, président, Hugues Fournier, secrétaire, Jean-Pierre Plénacoste, trésorier, Pierre Lucadou, Antoine Couderc. Au fur et à mesure, par suite de décès, de démissions ou autres causes, ont successivement fait partie du conseil jusqu'en 1880 :

François Guibert, nommé trésorier en 1851, en remplacement de Jean-Pierre Plénacoste qui devint secrétaire;

Joseph Leybros, élu à l'unanimité, membre du conseil, en 1862.

Bobis François de Leucamp.

Clermont Louis : élu à une voix de majorité; les autres voix se portèrent sur Soulaques Jean, de Lassale.

Vermerie Justin de Leucamp fut nommé fabricien en 1879, en remplacement de Clermont Louis appelé à Leucamp (commune) en qualité d'instituteur.

M. Delzons, l'inspirateur, l'organisateur, par son influence, ses relations, ses connaissances, sa fortune, de toutes les œuvres vives de Lapeyrugue, l'église bâtie et livrée au culte, donna sa démission de président, en 1851. Sa situation officielle à Ladinhac ne pouvait lui permettre de réserver longtemps tous ses soins et toutes ses faveurs aux Lapeyrugiens. Il se devait de préférence à sa commune. A partir de cette date: 1851, on lit dans les délibérations du conseil de fabrique: « Les conseillers de fabrique de Lapeyrugue, tous propriétaires et habitants de la paroisse.... » Orgueil légitime sans doute. Mais l'ère des difficultés n'était pont close.

Notons en passant que M. Delzons, des Cazottes, paroisse de Ladinhac ne délaissa pas la nouvelle paroisse de Lapeyrugue. Il continua à s'occuper officieusement de tout. C'est lui qu'on consultait dans les cas dificiles, qu'on quêtait; on trouve sa main dans la construction du presbytère, du clocher, dans l'achat des cloches, etc.. Il honora de sa présence, dit une délibération, la réunion du 30 mars 1856 — il y eut à cette réunion, reddition de tous comptes relativement au presbytère —. Nous avons fait ailleurs l'éloge de M. Delzons.

Les recettes de la fabrique s'élevaient invariablement, les 1res années, à 80 ou 90 fr.: 25 fr. l'imposition des chaises, 50 fr. les reinages, de 5 à 10 francs pour la part de la fabrique provenant des enterrements et services funèbres. Plus tard, les reinages et les chaises produiront davantage.

En face: une dette initiale de plusieurs milliers de francs, aggravée de loin en loin par les frais du presbytère, des cloches, du clocher, du dallage de l'église, etc., sans compter les dépenses usuelles.

Chaque année se clôturait invariablement et inéluctablement par un déficit, auquel on faisait face par des quêtes spéciales et des appels à quelques bonnes âmes.

La tâche des premiers conseillers de fabrique fut difficile, immense.

La situation était écrasante, dans une paroisse pauvre, besogneuse, en pays stérile, où, dit un rapport quelque peu exagéré, « le peu de terre labourable est continuellement entraîné dans les ravins par les pluies d'orage, où ne croissent dans les fissures des rochers schisteux que quelques malingres châtaigniers, seule ressource pour faire vivre les habitants, où la récolte est souvent emportée par les gelées du printemps. »

L'Etat, ni la commune ne donnèrent rien.

Le lecteur serait peut-être heureux de savoir et connaître par quels moyens les fabriciens liquidèrent la situation. Il s'attend peut-être à trouver ici, détaillé, l'ensemble des opérations. Entrer dans tous les détails nous mènerait trop loin et dépasserait les limites restreintes de cet opuscule. Nous regrettons de ne pouvoir satisfaire cette curiosité. On fit quêtes sur quêtes; les registres mentionnent celles faites en 1854, en 1855, en 1857, 1860. Nous renvoyons à chaque chapitre spécial; au fur et à mesure, quand nous relaterons les diverses dépenses, nous mentionnerons en même temps quelques recettes.

Notons que les comptes de fabrique accusent, pour la première fois, un boni en 1887. L'église fut bâtie en 1847, on ne liquida donc la situation que 40 ans plus tard. Rappelons qu'en outre des frais de construction de l'église, on fit des dépenses considérables pour l'ornementation de l'église, la construction du presbytère, du clocher, l'achat des cloches, le dallage de l'église, la restauration des ornements, etc., etc..

Ce ne fut qu'à force de prodiges de scrupule, d'ingéniosité, de souplesse et de dévouement qu'on vint à bout de tant de travaux et charges.

Les conseillers, dans certains cas difficiles, engagèrent parfois jusqu'à leurs biens personnels. On trouve un certain nombre de billets signés de Bioulac, curé, Delzons, rentier, Plénacoste, Lucadou, etc. Les dévoués fabriciens ne craignaient pas de s'engager personnellement, comptant sur l'avenir et les dons particuliers, pour rentrer dans leurs fonds.

Ce perpétuel souci des dettes et paiements n'allait pas parfois sans quelque tiraillement ou tempête: dans les cas épineux, les conseillers et le trésorier ne trouvaient rien de mieux que de se rabattre sur le curé. Nous trouvons à plusieurs reprises trace de ces petits ou gros démêlés. Ainsi en 1857, nous lisons dans une délibération : les membres du Conseil s'engagent à ne pas tracasser M. le curé.

En certains cas, le trésorier, enténébré de soucis, à bout de patience, de guerre lasse, donne sa démission. Le fait arriva au moins une fois à François Guibert, lequel, tout en restant dans le conseil, échangea son emploi contre la charge plus sereine de secrétaire. Il avait comme trésorier-payeur tenu tête à l'orage pendant 3 ans et demi. Son successeur : J.-Pierre Plénacoste fut chargé de faire prendre patience encore un peu de temps aux créanciers.

Les difficultés budgétaires étaient souvent aggravées par la nécessité de présenter à l'Evêché des comptes sortables. L'Evêché, grand contrôleur des comptes de fabrique, examina avec des yeux de lynx, minutieusement et précautionneusement, les comptes de la pauvre paroisse de Lapeyrugue, obérée et empêtrée dans ses dettes. Dans certains budgets, les observations épiscopales abondent. « Les dépenses pour cimetière, récrépissage, lisons-nous, incombent à la commune — les dépenses de clôture intéressent le conseil municipal — le défaut de régularité dans les comptes engendre plus tard bien des embarras à MM. les curés — le conseil municipal devrait intervenir, ce ne sont pas les ressources de la fabrique qui pourront couvrir un pareil déficit, etc., etc. » Pour équilibrer un budget, les conseillers étaient à bout d'expédients; ils le bouclèrent en inscrivant aux recettes extraordinaires prévues, un don de 400 francs. Mgr l'Evêque observe: « Il est difficile de prévoir qu'il sera fait un don de 400 francs pendant l'exercice en cours. » Une autre fois, pour fortifier le rendement des recettes cultuelles, le conseil décida de prélever à l'occasion de chaque baptême un minime droit de fabrique. Mgr répond: les baptêmes doivent être administrés gratis. Au budget suivant, on spécifia que ce droit de fabrique, basé sur le prix du cierge qui brûle pendant la cérémonie, était parfaitement légitime. Les observations épiscopales nées du temps de Mgr Vixège, finissent avec lui. C'est une simple constatation.

Honneur à la ténacité, au dévouement, et quelquefois à la philosophie des vaillants fabriciens. Ils méritèrent bien de l'Eglise et de Dieu. Leur nom et celui des premiers curés devrait être tracé en lettres d'or sur quelque colonne ·le l'église ou au fronton de l'édifice.

Et après avoir beaucoup peiné, et beaucoup donné de leurs deniers personnels, quand les conseillers jugèrent enfin, en 1859 — douze ans après le commencement des travaux — qu'ils avaient quelques droits à des honneurs particuliers et à un banc dans l'église, faute de ressources fabriciennes, ils furent encore obligés de fournir eux-mêmes les planches du banc. La fabrique se contenta de payer la pose. (Compte de 1859).

Ces fabriciens: vaillants chrétiens, phalange d'élite, s'aimaient entr'eux. Louis Guibert, le premier, mourut; c'est en termes émus que les conseillers, ses collègues, se firent l'écho des regrets publics. Nous ne citons pas, à regret, cette touchante oraison funèbre.

Louis Guibert fut remplacé par François Bobis de Leucamp, et Jean-Pierre Plénacoste (+ octobre 1881) par Jean Bastid de la Bournionne.

Hugues Fournier, président pendant 50 ans du conseil de Fabrique — il ne quitta cette fonction que pendant le court laps de temps où il fut maire de la commune — pour la première fois n'assista pas en 1899 aux réunions statutaires. Malade et décédé quelques années après, il fut remplacé à la présidence par Philippe Castanié de Lamayou. La même année 1900, Justin Vermerie de Leucamp, décédé, fut remplacé par Jean Barbance de Courbesserre, et Joseph Leybros du Salès démissionna en faveur de son fils Germain. En 1901, Bobis François (+ 1904) fut remplacé à la présidence du bureau par son fils

Félix, et en 1902, P. Lucadou céda sa place à Hippolyte Cellier de Molèdes.

Avec Fournier, Leybros Joseph, Bebis François, Vermerie Justin, Lucadou (+ 1903) disparurent les vieux membres qui avaient tant fait, sous l'inspiration des curés successifs, pour la petite patrie. — Le nouveau conseil renouvelé n'eut pas longtemps à vivre. La loi de séparation, en même temps qu'elle amena la confiscation de tous les biens, meubles et immeubles des fabriques, abrogea le Conseil de fabrique. Il fut remplacé par un conseil paroissial dont voici les membres par ordre alphabétique:

> Bioulac Jean de Roquechauffreix.
> Bioulac Justin de Lapeyrugue.
> Bobis Baptiste de Lasparos.
> Caldeyroux Joseph de Lagoutte.
> Delblat Cyprien de Leucamp.
> Vermerie Germain de Leucamp.

Bonnes Ames

Nous donnons ici rapidement une liste des personnes charitables qui firent à la fabrique de Lapeyrugue des dons assez importants. Cette liste est certainement incomplète, bien que nous y inscrivions tous les gros dons mentionnés dans les registres. Il y eut des offrandes anonymes plus ou moins considérables. Quant aux petits dons, il sont perdus dans le fouillis des listes de souscription.

Il fut acheté en 1852 un maître-autel pour le prix de 80 francs et divers accessoires pour le prix de 100 francs: payés au moyen de quelques offrandes anonymes.

En 1854, M. Pouget, curé de Flaugeac (Aveyron) donna 200 francs qui furent employés à l'achat d'un ostensoir, d'un ornement couleur d'or et d'une custode. M. le curé de Flaugeac, en donnant les 200 fr. précités, se réserva une messe tous les ans, aussi longtemps que le conseil de fabrique le jugerait possible. « Le conseil, dit une délibération, reconnaît le bien-fondé de cette demande et décide qu'une messe sera dite tous les ans, le jour de Saint-Joseph, aussi longtemps que possible et aux frais de la fabrique. « Cette messe est marquée en dépense aux comptes de fabrique de 1855 et suivants. Nous croyons qu'elle fut dite pendant une vingtaine d'années seulement.

En 1856, M. Martin, curé de Saint-Jacques (Amérique) donna 150 francs.

Marie-Jeanne Crantelle, originaire du village de Roquechauffreix, donna un ciboire (coût : 30 francs) ; M. Raymond Delzons offrit un calice, 4 chandeliers en cuivre et une foule de menus objets provenant de la chapelle de son château.

Le grand lustre du milieu de l'église fut acheté par Joseph Fric de Roquechauffreix.

Un Américain (le donateur n'est pas autrement désigné) donna la somme de 100 francs. Cette somme fut délivrée en janvier 1858 par l'intermédiaire de M. le Curé de Pons. Elle fut employée en grande partie à l'embellissement de la chapelle de la Sainte Vierge. Le restant du don servit à l'acquittement de la dette de la fabrique.

En 1861, Pierre Lucadou de Molèdes consentit à délivrer à la fabrique un champ légué à la fabrique par son arrière tante : Marguerite Marty. Ce champ est actuellement sous séquestre, de par la loi de vol de la séparation.

Les comptes de 1867 mentionnent un legs de 50 fr.

En 1867, Jeanne Guy de Courbesserre, religieuse de Sainte-Agnès, fit cadeau de 300 francs. Nous en reparlerons au chapitre : presbytère.

En 1881, la fabrique entra en possession d'un legs de 400 francs fait par Trenty Guillaume de Leucamp. V. pour d'autres dons le chapitre des cloches.

En 1884, un don anonyme de 1000 francs permit de faire le dallage de l'église en ciment Vicat et d'amortir quelques dettes.

Les comptes de 1885 mentionnent également cent francs sous la rubrique: autres ressources exception-nelles.

En 1895, Marie-Anne Guy, décédée au bourg, lé-gua 50 francs. D'autres legs furent faits à diverses époques; nous avons ouï dire que certains héritiers ne les exécutèrent pas ponctuellement.

En 1872, la famille Trin de Lagat, offrit un béni-tier. A la suite de diverses circonstances, ce bénitier fut remplacé en 1886 par une cuvette en marbre, achetée par la fabrique avec les ressources ordinai-res.

En 1903, M. Antoine Cambefort de Lagoutte fit don d'un cadran-horloge. Ce cadran-horloge fut re-tiré de l'église au moment de l'inventaire maçonni-que de 1905. Il a été remis depuis. Nous regrettons que les auteurs ou ayant-droit des diverses libérali-tés sus-mentionnées n'aient pas imité l'exemple pru-dent de M. Cambefort.

Notons en terminant, que tous ces dons — quel-ques-uns avec charges — s'échelonnent sur une pé-riode de 50 ans, et que les dépenses pour l'église et travaux y afférents: cloches, clocher, presbytère, or-nementation de l'église, objets cultuels, etc., s'élèvent à un chiffre incontestablement de beaucoup supé-rieur.

Presbytère

Quand M. Jacques Théron fut nommé curé à Lapeyrugue, immédiatement après la construction de l'église, Lapeyrugue n'avait pas encore de presbytère.

On loua, pour loger le prêtre, une chambre à Guillaume Leybros, alors propriétaire de l'unique habitation — nous disons habitation et non pas maison — qu'il y eut près l'église. L'installation de ce propriétaire était plutôt primitive. Il fallut faire des réparations indispensables pour mitoyenner et rendre le logement assez convenable, assez confortable. Un peu plus tard, M. Leybros décida de céder une autre partie de sa maison au prêtre; il alla personnellement, dit-on, habiter un petit hangar aujourd'hui détruit, de l'autre côté du chemin, vis-à-vis la maison d'habitation.

En attendant la fin de ces réparations, M. le Curé résida chez M. Delzons des Cazottes, où il passa 5 à 6 mois; il disait pendant la semaine, la messe dans la chapelle du château et ne se rendait à l'église paroissiale que lorsque des circonstances spéciales l'y appelaient.

M. Théron bâtit ensuite une maison à ses frais. Cette habitation de Leybros que M. le Curé devait partager avec un homme élevant volaille, bêtes à cornes et autres animaux, étroite d'ailleurs, basse, mal aérée, mal détaillée, était insupportable. La maison bâtie fut revendue le 1er janvier 1854 par M. le Curé à Joseph Lucadou de Molèdes.

Nous tenons de l'obligeance de Mlle Marie Delrieu, propriétaire actuelle de la maison construite par M. Théron, les renseignements suivants: l'emplacement de la première maison curiale fut acheté à Guillaume Leybros le 9 novembre 1852, suivant acte reçu par Me Lavergne, notaire. — Le presbytère confrontait primitivement « au levant avec le jardin d'Antoine Izac, au midi avec le chemin vicinal de Lapeyrugue à Fombalès, au couchant avec la place publique, et au nord avec le chemin de servitude du dit Izac et le chemin public de Courbesserre. » La maison Théron fut vendue à Joseph Lucadou, à un prix certainement très avantageux pour l'acheteur. L'ensemble des bâtisses fut évalué à 1.535 francs seulement. En outre, Monsieur le Curé s'engageait à parachever certains détails de construction « rampe des escaliers, deux placards, une cloison à la cuisine, loge, porte de communication. » Toutefois le vendeur se réservait la faculté de rentrer sans procès dans tous ses droits, en cas de nonobservation des termes convenus pour le paiement: 500 francs sur l'heure et cinq termes annuels de 200 francs. Un peu plus tard, il fut convenu que M.

Théron, curé, n'exécuterait pas les réparations promises et de ce chef le prix d'achat fut réduit à 1.460 francs.

Nous nous sommes trop attardé sur cette vente Théron-Lucadou.

M. Théron fut transféré en 1854 à Salilhes, section de Thiézac, canton de Vic-sur-Cère. M. Dubois, vicaire à Glénat, canton de Laroquebrou, lui succéda. Monseigneur l'Evêque l'envoyait avec la mission déterminée de bâtir un presbytère pour remplacer la maison vendue à J. Lucadou.

Disons, d'abord, pour n'être point obligé d'y revenir plus tard, que M. Dubois travailla avec énergie et activité, non seulement pour le presbytère, mais encore pour l'ornementation de la nouvelle église. C'est sous son administration habile que l'on fit la chaire, le confessionnal, etc. Dès la première année, il trouva des ressources pour acheter une bannière, un dais, une garniture de chandeliers, une croix processionnelle, une cuvette pour les fonts baptismaux, un encensoir, du linge. La deuxième année, le couvent de Ste Claire d'Aurillac, où le pasteur était très estimé, donna à l'église de Lapeyrugue un drap mortuaire, deux aubes, deux surplis, un tableau : mater dolorosa, une écharpe pour la bénédiction du T. S. Sacrement, écharpe fort bonne, une chasuble fond blanc précieuse par son étoffe et son travail, une autre chasuble en soie, enfin un ornement complet. La même année, le couvent de l'Instruction d'Aurillac, appelé encore couvent de Notre-Dame, donna deux étoles, l'une fond blanc et l'autre couleur d'or. Le Curé reconnaissant, promit au

nom de la paroisse, de faire participer ces deux com·
munautés, surtout celle de Ste Claire, au Pater qui
se dit chaque dimanche à l'église pour les bienfaiteurs de la paroisse. Même promesse fut faite un
peu plus tard à M. Martin, prêtre, originaire de
Montsalvy et curé de St Jacques en Amérique — les
registres ne donnent pas d'indication plus précise.
Ce M. Martin donna, en 1855 ou 1856, au reçu d'une
lettre de M. Dubois lui exposant les besoins réels
et urgents de la pauvre église de Lapeyrugue, une
somme de 150 francs qui furent employés à payer
les chandeliers du grand autel, la bannière et le
conopé, etc., etc.

Revenons à notre presbytère. Dans une délibération du conseil de fabrique, en date du 7 janvier
1855, nous lisons : « M. Dubois expose aux fabriciens
réunis à l'issue des Vêpres dans la sacristie de
l'église, la volonté de Monseigneur l'Evêque que l'on
s'occupe de suite de la construction d'un presbytère,
construction urgente; le conseil reconnaît la nécessité et l'urgence de cette proposition, décide de prendre immédiatement tous moyens pour travailler
d'une manière efficace, prie et charge M. le Curé de
faire démarches utiles et prendre telles mesures
qu'il jugera à propos.

Le 12 mars, après une campagne de plusieurs mois
faite à domicile, à coups d'arguments qui durent
être sans doute persuasifs et pressants, le 12 mars
1855, M. le Curé assembla tous ses paroissiens en
réunion publique, leur rappela à grands traits la
nécessité de bâtir un presbytère et leur donna la faculté ou d'acheter la maison déjà faite de M. Thé-

ron, ou de bâtir un nouveau presbytère. Tous les propriétaires furent d'avis de bâtir. Quoique déjà un peu incommodés par la construction de l'église, ils signèrent sur le champ une délibération d'après laquelle ils fourniraient 1° la main-d'œuvre, le bois, la pierre, le sable, les tuiles, et 2° une cotisation en argent pour payer le travail inéluctable des maçons, charpentiers, etc. — cotisation basée sur leurs impositions à chacun. Chaque paroissien donnait l'équivalent de ce qu'il versait au fisc.

Cette réunion du 12 mars fut solennelle. Tous les propriétaires de la paroisse, convoqués dès le dimanche précédent, s'y rendirent à peu d'exceptions près. Les noms des absents sont signalés dans un document. On se réunit et on discuta dans l'église même. Présidaient : MM. Sérieys Lucien, maire de la commune — Lapeyrugue était toujours section de Labesserette — Joseph Bioulac, curé de Pons, Raoux, curé de la Capelle-du-Fraysse, architecte, Raymond Delzons des Cazottes. Un événement imprévu occasionna l'absence de M. Lavergne, curé-doyen de Montsalvy pareillement invité.

M. Joseph Lucadou, acquéreur de la maison Théron, voulait la céder à un prix modéré. La paroisse tout entière, à l'exception de 3 ou 4 propriétaires, se prononça catégoriquement pour la construction d'un presbytère neuf. Nous pensons que les Lapeyrugiens préférèrent bâtir qu'acheter, pour l'unique raison qu'étant besogneux, souvent à court d'argent, ils reculent plutôt devant l'argent à débourser, que devant du travail à faire. D'ailleurs, le presbytère, tous frais compris coûtait seulement d'après les devis estimatifs : 1.500 francs ; M. Lucadou, quoique son offre de vente fût modérée, devait raisonnablement demander un prix supérieur. — Cependant, peut-être — ceci est une appréciation personnelle — peut-être le presbytère revint-il en fin de compte plus cher que la maison Lucadou, car après le presbytère, on bâtit une grange, un four, on fit une terrasse, etc., bref, toutes les dépenses s'élevèrent à la somme approximative de 2.500 francs. Lucadou certainement n'en demandait pas autant.

Les propriétaires s'engagèrent à payer l'équivalent des impositions d'une année. Cette dernière clause comprenait les contributions mobilières, foncières et personnelles. Pour rendre ces promesses efficaces — on ne voulait pas retomber dans les aléas de la construction de l'église où tout devant se faire par persuasion, il y eut des déboires et des difficultés presque insurmontables — tous ceux qui savaient signer durent consentir et parapher des billets à ordre d'une certaine somme, et les illettrés durent s'engager devant témoins qui signèrent pour eux.

La somme était payable en trois termes égaux : 1° à l'adjudication des travaux, 2° à la levée, 3° quelques semaines avant la fin des travaux. En outre, les paroissiens fournissaient les uns leurs bestiaux, les autres leurs bras, pour le transport ou l'extraction des matières premières. Tout le monde se soumit très généreusement à ces demandes et s'engagea expressément, à l'exception de 12 à 15 individualités. On comprendra que nous ne publiions pas ces noms.

A première vue, il semble que les habitants de

Lapeyrugue consentirent un très gros sacrifice en doublant leurs impositions d'une année. En réalité, le sacrifice atteint des proportions médiocres: à ce moment les impôts s'élevaient à un chiffre peu considérable. C'était évidemment une marque indéniable de bonne volonté, mais comme résultat pratique, les sommes recueillies furent minimes. Sur les listes, nous relevons seulement 70. fr., 40 fr., 20 fr., 5 fr., 8 fr., etc. Nous regrettons de ne pouvoir donner ces listes. Elles seraient certainement intéressantes à plusieurs points de vue. Les développements nous sont impossibles dans cet opuscule.

Une somme convenable une fois garantie, on chercha des ouvriers. Le 12 mars, le jour même de la réunion solennelle sus-mentionnée, il y eut une autre assemblée générale. Différents ouvriers avaient été prévenus. Le mauvais temps, comme pour M. le curé de Montsalvy, occasionna l'absence des maçons. On donna la charpente et la menuiserie à Alexis Siquié, de la Maison-Rouge, pour le prix de 500 francs, et la toiture à Pierre Combes du village de Leucamp, pour 200 francs. Le 20 avril, tout ce qui concerne la maçonnerie fut adjugé à Martin Estrade, de la Chourlie, pour le prix de 850 francs.

Le terrain de construction du presbytère fut celui-là même que M. Cousségal de Fombalès avait vendu, on peut tout aussi bien dire donné, au moment de la construction de l'église. Voici l'acte de vente. Nous le transcrivons en entier, malgré sa longueur, à cause de certains détails dont la connaissance est utile ou tout au moins intéressante pour les habitants mêmes du bourg de Lapeyrugue.

VENTE COUSSEGAL A M. DELZONS.

« Par devant Jean-Baptiste Marc, notaire à la résidence de
« la commune de Ladinhac, canton de Montsalvy, département
du Cantal;

« A comparu sieur Joseph Cousségal, propriétaire-cultiva-
« teur demeurant et domicilié au hameau de Fombalès, com-
« mune de Labesserrette, lequel de son bon gré a vendu irrévo-
« cablement et sous toutes les garanties de fait et de droit,
« à M. Hippolyte Raymond Delzons, propriétaire vivant de
« ses revenus, demeurant et domicilié au lieu des Cazottes,
« commune de Ladinhac, a le présent et acceptant et agis-
« sant dans les présentes tant en son propre et privé nom que
« pour et au nom de tous les habitants des villages ci-après
« nommés au désignés: savoir les Guéribaldes, Molèdes, Leu-
« camp, Laborie, Lasparos, le Terradou, Lassale, la Bourniou-
« ne, le Salès, Pailhes, Bel-Air, Lapeyrugue, Courbesserre,
« Lagat, Combecave, Louradou, Roquechauffreix et autres ha-
« meaux, etc., tous les susdits villages et hameaux faisant
« partie de la commune de Labesserrette; un terrain de la con-
« tenance de 33 ares, 45 centiares, à prendre sur une terre du
« dit sieur Cousségal, appelée Lapeyrugue, située au village de
« ce nom, dans la dite commune de Labesserrette; confrontant
« la dite terre d'un côté à Châtaigneraie de Leybros du dit
« Lapeyrugue, d'autre à chemin de servitude du Mas à Lapey-
« rugue, d'autre à châtaigneraie du dit Cousségal, et d'autre
« côté à chemin public de Fombalès à Lapeyrugue; laquelle
« contenance sera prise sur la dite terre, à partir du chemin
« qui conduit à l'église en ce moment en construction, le long
« et à côté du dit chemin à l'aspect du midi; les habitants des
« dits villages se proposant de construire en cet endroit un
« presbytère, une grange, cours, jardin et cimetière, demeu-
« rant expliqué que le patis sur lequel l'église dite de Lapey-
« rugue est en construction, fait partie de la dite contenance,
« ainsi qu'un chemin qu'on se propose de construire autour de
« l'église, mais qu'à cette contenance n'est pas compris le che-
« min qui partira de la dite église et ira aboutir à côté de la
« maison du dit Cousségal, située au dit Lapeyrugue, lequel

« chemin devra avoir une largeur de trois mètres sur toute
« sa longueur, et fera partie de la présente vente.

« La présente vente est faite et consentie par le dit Cous-
« ségal à M. ou dit sieur Delzons ex-qualités qu'il agit, moyen-
« nant le prix et aux clauses, charges et conditions ci-après
« exprimées.   —

« Le prix de la dite vente a été fixé à vingt francs, laquelle
« somme a été tout présentement comptée et payée par M.
« Delzons au dit Cousségal, ainsi qu'il le reconnaît et déclare,
« dont quittance et décharge.

« M. Delzons, ex-qualités qu'il agit, promet et s'oblige de
« clôturer, avec des murailles qui devront avoir une élévation
« d'un mètre cinquante centimètres au-dessus du sol et du
« chemin, toute la contenance qu'il prend. Cousségal aura la
« faculté de planter des arbres de telle espèce que bon lui
« semblera, le long du susdit chemin dans la terre qui lui
« restera, sans qu'on puisse lui faire couper les branches qui
« arriveront sur le dit chemin, pourvu qu'elles ne nuisent pas
« à la viabilité soit à pied, soit à cheval.

« Les habitants des dits villages, se proposant ainsi qu'il
« est dit plus haut, de construire sur la dite contenance de
« terre, un presbytère avec ses accessoires, et une église qui
« pourra dans la suite être érigée en succursale, le dit sieur
« Cousségal se réserve la faculté de placer dans la dite église
« un banc pour lui, ses successeurs et ayant-droits, dans le-
« quel il devra rentrer quatre personnes, à l'endroit qui lui sera
« désigné par M. le Curé ou le conseil de fabrique de la dite
« église.

« Les habitants des dits villages auront la faculté de pren-
« dre les eaux d'une ou plusieurs sources qui surgissent dans
« une pâture du dit Cousségal, appelée Molénat ou Goutal,
« pour les conduire à l'endroit qui a été désigné par le dit
« Cousségal et qui est à l'entrée de sa dite terre, lesquelles
« eaux serviront à l'usage du presbytère, sous la réserve ex-
« presse faite par Cousségal de pouvoir utiliser les dites eaux
« comme bon lui semblera après qu'elles auront servi à l'u-
« sage du dit presbytère.

« Les dits habitants ne pourront planter aucun arbre dans

« l'intérieur des dits chemins, dont l'ombrage pourrait nuire
« aux propriétés du dit Cousségal.

« Dont acte lu aux comparants — fait et passé en l'étude,
« au lieu, l'an 1847, 4 juin. — Enregistré à Montsalvy, le 15
« juin 1847, folio 6-recto côté 3, reçu un franc 10 centimes.
« Signé..... »

Nous notons qu'au deuxième alinéa, il est stipulé: les habitants des dits villages se proposent de construire un presbytère, une grange avec cour et jardin. En 1885, pour attribuer
un terrain gratuit aux institutrices, on enleva au desservant la
jouissance d'une partie du jardin. Le préfet du Cantal approu-
va avec empressement la délibération prise par la majorité du
conseil municipal, et répondit aux réclamations justifiées et
précises de M. Félix, curé, par une fin de non recevoir absolue.
On était déjà en ce moment (1885) sous la domination maçonnique, pour laquelle, comme chacun sait, l'empiètement sur
les jouissances et attributions ecclésiastiques et même le vol
des biens d'église est acte louable et recommandé. Nous verrons un exemple plus frappant dans le chapitre intitulé:
Champ du Puech

Cette spoliation d'une partie du jardin de la cure est flétrie
vigoureusement dans le cahier des délibérations de fabrique.
La note est dure à l'égard de plusieurs personnalités; nous
omettons de reproduire le texte.

Le presbytère devait avoir — article 2 de la convention passée avec Martin Estrade, maçon —
onze mètres vingt hors œuvre, en longueur, et dix
mètres dans œuvre, et 6 mètres de largeur dans œuvre; les murs auront 1 mètre d'épaisseur à partir des
fondations jusqu'à l'aire du seuil de la porte d'entrée du rez-de-chaussée où ils seront réduits par un
retrait intérieur à 60 centimètres d'épaisseur; les
murs en contre-bas de l'aire de la porte d'entrée auront 2 m. 30 de hauteur.

Article IV : il y aura à la maison huit fenêtres, 5 à l'aspect du midi, une au nord pour éclairer le grand escalier, deux à l'est dont l'une pour éclairer la chambre de la domestique..., en pierres de taille provenant des carrières de la Croix de Thérondels ; l'évier à côté de la cheminée de la cuisine, sera garni de pierres de taille, on y ménagera un conduit dans le mur pour rejeter les mauvaises eaux... La porte d'entrée aura 2 m. 50 de hauteur sur 1 m. 40 de largeur... Le potager sera en briques fournies par la paroisse ; 4 cheminées...

Citons encore quelques particularités de la convention passée :

Article VIII : « Le sieur Estrade doit commencer la maçonnerie le premier mai afin que les travaux soient terminés fin octobre ; à dater du commencement jusqu'à la fin du travail, le sieur Estrade emploiera au moins trois hommes ; il doit être prêt à placer la charpente et la mettre en place le 22 juillet. S'il est prêt le premier juillet, il aura 20 francs d'étrennes, comme aussi s'il était en retard, la paroisse aurait droit de lui adjoindre des ouvriers à ses frais. — Autre article : « Les murs seront bâtis avec de la terre glaise comme mortier, à l'exception des angles des cheminées... la pierre de taille sera posée avec du mortier composé de 2/5 de chaux et 3/5 de sable... toutes les ouvertures de l'écurie seront encadrées en bois. Le travail devait être exécuté « selon les règles de l'art ». Moyennant quoi, les propriétaires donnaient 850 francs à Martin Estrade, maître-maçon « un premier à-compte de 200 francs à la première travaison, 250 francs à la levée, 200 francs à la Toussaint prochain et les deux autres cent francs à la Noël ». Conclu le 22 avril 1855. Les propriétaires de la paroisse, nous l'avons dit, s'engageaient en outre à fournir les matériaux et les transports sous astreinte d'indemnités.

On nous dispensera d'examiner les conventions passées avec le forgeron — Baptiste Liaubet, de Pons — et le menuisier — Alexis Siquié, de la Maison-Rouge (Labesserette).

Sur le travail des divers entrepreneurs les propriétaires se réservaient 5 francs de retenue si le travail n'était pas exécuté selon les règles de l'art. Ces derniers mots reviennent dans toutes les conventions. Nos bons paroissiens y tenaient, semble-t-il, par dessus tout. On parlait des règles de l'art pour une construction où « certaines ouvertures devaient être encadrées en bois, les murs bâtis avec de la terre glaise comme mortier, et la porte d'entrée ferrée avec des clous à vis. »

Les travaux commencèrent rondement, et s'exécutaient avec belle ardeur, avec entrain et vaillance, quand brusquement tout s'arrêta.

Hélas, pour arrêter un gros homme, il lui suffit, comme pour Cromwell, d'un gravier dans l'urèthre; il suffit d'un jour de pluie, pour faire échouer les manifestations les plus solennelles et le plus soigneusement et longuement préparées. La pluie également arrêta nos braves Lapeyrugiens.

Un orage affreux, survenu dans le courant de l'été 1855, emporta toute la récolte et mit les propriétaires dans une gêne extrême. On ne put prélever qu'une partie de la somme promise par la paroisse, et encore ce ne fut pas sans des tiraillements profonds, que l'on conçoit d'ailleurs trop bien. Les ouvriers, ne comptant guère sur la fin immédiate des travaux, demandèrent et exigèrent le paiement du travail déjà effectué. Les habitants devaient porter sur place tous les matériaux; une grande partie des propriétaires tint promesse, mais comme il arrive souvent en pareil cas, tous ne le firent pas. Il aurait fallu payer des transports non prévus. Pas d'argent!

La réparation, à moitié faite, s'arrêtait net.

L'hiver qui approchait, exposait les premiers travaux aux dégradations.

C'était le gâchis complet, composé comme le mortier dont on se servait pour la bâtisse, de 2/5 de mauvaise volonté et de 3/5 de pauvreté.

Au milieu de circonstances si pénibles, il fallut chercher et trouver promptement un double remède : soulager la paroisse et mener à bonne fin la réparation comencée.

M. le Curé donna 400 francs de ses deniers personnels. M. Martin, prêtre, habitant l'Amérique, avait envoyé 150 francs. Ces 150 francs étaient déjà engagés en partie dans quelques achats pour l'église, on suspendit les achats et on fit servir la somme disponible aux travaux du presbytère. La fabrique emprunta 1.600 francs à l'intérêt légal (alors 5 0/0). Ces emprunts furent cautionnés par les membres mêmes du conseil de fabrique, sur leurs biens personnels.

On aurait pu s'adresser à la commune et à l'Etat. On y pensa certainement. Mais Labesserette n'avait jamais retiré le moindre profit matériel de Lapeyrugue, elle voyait en parfaite indifférence tout ce qui s'y passait ; elle fit la sourde oreille. L'Etat agit de même. Bref, tout resta à charge de la section.

Il fallut payer le transport d'une certaine quantité de matériaux. On donna 65 francs pour port de 65 charretées de sable, et 75 francs pour 20 quintaux de chaux prise à Aurillac et 200 briques. Citons encore 3 francs donnés à Leybros pour le loyer d'un hangar où en temps de pluie les menuisiers travaillaient. La pénurie causée par l'orage semblait autoriser les gens à tirer parti de tout. On paya 144 francs à Guillaume Tarradou, du village de Roquechauffreix, pour échaffaudage : fourniture de douelles, planches et autres matériaux indispensables. On acheta des planches à Aurillac, Murols, Labesserette, ailleurs.

Il y eut d'autres frais imprévus.

Le travail cependant reprit et fut même mené à bonne fin.

Les personnes qui participèrent à l'emprunt sus-mentionné de 1.600 francs, ne sont désignées en bloc dans aucune délibération, mais dans la suite des comptes de fabrique, nous voyons qu'il y avait entr'autres : Marie Delrieu de Courbesserre : 100 fr. — remboursée en 1857 ; Antoine Cabrespine du Ter-radou : 200 fr. — payés en 1858 ; Antoine Couderc de Courbesserre : 300 fr. On lui remit 100 fr. en 1859, 100 fr. en 1860, et 100 fr. en 1863. — Un cer-tain Daulhac prêta 200 fr. ; ils lui furent restitués avec les intérêts de droit en 1862 — on lui donna exactement 264 fr. 15 ; Jeanne Guy, religieuse de Ste Agnès, prêta 300 fr. dont à sa mort en 1867, elle fit cadeau à la fabrique. Le conseil de fabrique, dans une délibération spéciale, proclama « que pour cette générosité, la dite défunte Jeanne Guy avait acquis des droits à la reconnaissance de toute la paroisse et qu'elle méritait le titre de bienfaitrice insigne. »

En 1868, un créancier dont on ne mentionne pas le nom, demanda à être payé ; pour le désintéresser, la fabrique emprunta une certaine somme à la famille Lucadou de Molèdes. Des renseignements privés nous ont appris que de cette somme, M. Lucadou se con-tenta de prélever les intérêts ; puis à sa mort, il en fit en partie don à la fabrique, don avec charges. On devait dire des messes à des intentions particulières. Nous trouvons en 1903 une attestation de M. Delrieu, d'après laquelle, sur les fonds fabriciens, il a prélevé 70 francs pour messes dites pour Lucadou, messes payables par la fabrique.

Nous aurions pu ajouter d'autres détails encore. Coupons court. Ce chapitre est déjà trop long. Disons seulement que le presbytère, aujourd'hui un peu délabré, a besoin, surtout à l'intérieur, de certaines réparations. Tout détérioré qu'il est, son casanier locataire est très heureux, très content, très fier d'y voir et recevoir amis et paroissiens.

Cloches

---

§ I. — LA MARIE-LOUISE

Nous transcrivons textuellement la première délibération fabricienne relative à l'achat des choses.

« L'an 1860, et le premier Janvier, premier dimanche de l'année, le conseil de fabrique dûment convoqué, s'est réuni à l'issue des Vêpres dans la sacristie, lieu ordinaire de ses séances. Etaient présents : Hugues Fournier, président, Louis Vidalenc, Jean-Pierre Plénacoste, François Guibert, Antoine Coudere, Pierre Lucadou, tous habitants de Lapeyrugue. — Le conseil ainsi réuni, M. le président a pris la parole et a proposé à l'assemblée l'urgence de l'achat d'une cloche, objet absolument indispensable pour la paroisse, vu que depuis son établissement, on n'a qu'une sonnette pour réunir les fidèles. Le conseil reconnaissant la justesse de la proposition de M. le président, a unanimement voté à l'instant l'achat d'une cloche du poids de 300 kilos environ ; et pour cet effet, il charge M. le Curé de traiter comme il l'entendra avec le fondeur. Le conseil tiendra pour faites toutes les conventions que M. le Curé jugera convenables et nécessaires, et décharge, en outre, Monsieur le Curé de toute responsabilité. Et pour le paiement de la cloche, il a été arrêté qu'il serait effectué aux dépens d'une quête faite dans la paroisse et ailleurs. Il demeure encore convenu que dans le cas où le résultat de la quête serait insuffisant, la fabrique prendra les moyens nécessaires à cet effet. — La déllibération tenue, le procès-verbal a été clos et signé, les jour, mois et an susdits et ont signé tous les membres sus-nommés. »

M. le Curé, c'était alors L. Vidalenc, se mit à l'œuvre. Il commença une quête qui produisit la somme de 1.114 francs (note du 15 avril 1860).

Il s'adressa en même temps à plusieurs fondeurs. Un M. Morel de Lyon avait déjà fourni une cloche à La Croix-Barrez (Aveyron) — près Lapeyrugue —, une autre à la paroisse St-André-de-Véprines, près Milhau. M. Vidalenc, sur les indications des confrères voisins, s'adressa à M. Morel. Celui-ci, malgré une augmentation importune du prix de l'étain fin et du cuivre, accepta en principe la commande, à raison de 4 fr. 50 le kilo, mais il exigeait en outre 180 francs pour le transport de la cloche, l'ajustage et l'essayage ; il voulait aussi que le battant en fer fût pesé avec le cuivre et payé à son instar, et l'intérêt à 5 0/0 pour tout ce qui ne pourrait être payé comptant.

Un autre fondeur : Triadou de Rodez, fit des conditions meilleures. « Le sieur Triadou, lit-on dans une convention, se charge de fondre une cloche de 300 kilogs pour la paroisse de Lapeyrugue, dans le délai de 2 mois, au prix de 3,90 le kilog. Il promet de fournir première qualité de matière en métal, un battant approprié à la cloche sans le précompter sur

le poids de la cloche ; il se charge en outre de graver
à ses dépens les noms et prénoms du curé, du parrain
et de la marraine et de leurs villages ; il fera transporter la cloche à Entraygues à ses frais, à ses ris-
ques et périls ; il fournira gratuitement les deux ap-
puis en cuivre fondu sur lesquels roulent les touril-
lons. La cloche ne doit pas dépasser les poids de 300
kilogs, à la différence de 8 ou 10 kilogs en plus ou en
moins. La cloche est garantie pour un an. Triadou
sera payé 1.000 francs lors de la livraison, et le restant un an après, avec l'intérêt légal. En outre « il
demeure expressément et formellement convenu que
M. le Curé de Lapeyrugue sera averti à temps du
jour de la fonte, qu'il pourra y assister ou s'y faire
représenter ; la cloche fondue, M. le Curé la vérifiera,
la fera vérifier s'il préfère, la fera tinter et il se réserve formellement la liberté de la refuser, s'il n'en
est pas content quant au son, la qualité de la matière
ou la forme, se réservant seul juge en cela et pouvant
la refuser sans autre recours. »

Pendant ces pourparlers avec Triadou de Rodez,
M. Morel qui attendait réponse à sa première lettre,
offrit une réduction de prix. Il présentait une cloche « qui vient, disait-il, d'entrer en magasin, pe-
sant 366 kilogs, ayant déjà servi quelques années,
mais d'un son agréable et étendu, et en très bonne
matière ; 4 francs le kilog. La cloche n'est pas neu-
ve, il faudra par conséquent graver l'inscription en
creux ; le graveur ne prendra rien pour les 60 premières lettres, mais il exige 0 fr. 15 pour chacune des
autres. » Morel maintenait en outre, comme dans sa
première lettre, le prix de 180 francs pour le trans-

port et le montage; puis « prenez la cloche tout de suite, étant d'un poids commun, elle peut être revendue d'un moment à l'autre. »

Le marché fut conclu et signé avec Triadou. On s'empressa de terminer la quête déjà commencée. Les habitants de Pons donnèrent 100 francs. Les Lapeyrugiens habitant Paris envoyèrent 85 francs. On fit des quêtes à Labesserrette, Saint-Hippolyte, Murols, quelques villages de Ladinhac. Nous trouvons mentionnés :

Labesserrette :	M. le curé Dubois	100 fr.
	M. l'abbé Bastid	20
	M. le Maire	10
	Mme Cantournet	20
	Une demoiselle désignée sous cette appellation : la Miou du Vert :	50
	La maison Vallon	20
	Les villages et le bourg de Labesserette	35
Murols :	Plénacoste (village)	7 50
	Aurières	8
	Séguren	5
	Les Martres	6
	Roquesalane	6
	Le Battud	17
Ladinhac :	Les Cazottes : M. Delzons	
	Lagarrigue (village)	11
	Fraquier et le Pouget	20

La Boule, commune de Saint-Hippolyte	22
Ceyroles et Auglet	6
M. Daidou, curé de Prunet	15

Les habitants de Lapeyrugue complétèrent la somme; ils donnèrent:

M. le Curé	60
Vve Pouget, du bourg	10
La maison Fric de Roquechauffreix	14
Andrieux de Lagat	10
Cambefort de Lagoutte	10
Cabrespine du Terradou	20
Plénacoste de la Bournionne	10
La maison Lafon des Carris	12 50
Verdier-Castanié, de Lamayou	10
Bobis, de Leucamp	10
Vernerie père, de Leucamp	10
Lucadou et sa famille, de Molèdes	11
Fournier des Guéribaldes	20
Vernerie de Lassale	15

Tels furent les plus gros donateurs. Nous ajoutons à la liste les petits souscripteurs; peut-être dans certaines bourses une cotisation de 2 fr., 3 fr., fit-elle un plus grand vide que dans la bourse des susmentionnés, et à ce titre eurent-ils plus de mérite.

Sont encore cités sur une autre liste:

Garouste du bourg	5
Jeanne Pagès	5
Jeanne Lherm	5
Leybros	5
Rouquier	2
Gailhaguet	4
Marie Canis	1
Cousségal, à Fombalès	3

Jean Cousségal versa en outre 50 francs provenant d'un legs testamenatire de sa mère.

Frie, à Courbesserre	2
Cazard, Lassale	3
Beurières	2
Guibert, à Lasparos	7
Lafon, aîné	2
Delmas	2
J. Delmas	3
Froment, cadet	4
Mas Géraud	3
Cousségal	3
Clermont-Bataillé	2
Fournier, à Laroque	2
Gailhaguet, à Lamayou	2
Barbance aîné et sa bru à Courbesserre	6
Barbance Raymond	5
Couderc	3
Loubières	1
Delrieu	1
Lavergne, aîné	5
Castanié, de Lagoutte	5
Plénacoste, à Lagat	2
Lavergne, à Bel-Air	3
Couderc	4
Chauzy, à Louradou	1 50
Bastid, à Lassale	4
Couderc	3
Marie Mas, à Lamayou	1
Delcamp, à Leucamp	4
Delblat dit Lacroze	4
Delrieu	7
Trenty	5
Malpel	5
Combes	5
Cousségal	3
Andrieu, à Molédes	5
Miégemonteil, cadet	5
Pagès	3
Delpuech, au Bos	2 50

Bru François	10
Goudergues, gendre Bru	5
Lavergne, aîné	10
Lavergne, cadet	5
Clermont, aîné	5
Clermont, cadet	10
Coudere Pierre, de Lassale	10
Hérisol, ou Thérisol	5
Bouygues Pierre	5
Leybros Joseph	10
Guillaume Fau, de Fraquier	5
Daulhac Jean, de Labesserette	5

A ajouter à cette liste : une somme de 50 francs laissée par testament par Jeanne Guy-Cousségal de Fombalès, et une autre somme de 100 francs laissée, encore, par testament, par Marie Delmas du Terradou.

Les habitants de Lapeyrugue, épuisés par toutes les quêtes déjà faites pour l'église, le presbytère, etc., donnèrent les sommes ci-dessus. En regard de ces chiffres, publiera-t-on, plus tard, les listes autrement importantes de souscription pour « Denier du Culte? » Nous espérons qu'on ne pourra pas dire avec le poète : Aut tempora, aut mores ; « comment en un plomb vil, l'or pur s'est-il changé ? »

La cloche coûta 1.237 francs : 1.166 fr., part du fondeur ; 48 fr., pour le forgeron ; 20 fr., le charpentier et 3 fr. pour « l'huile et drogues », dit une note.

La cloche pèse 298 kilos et demi. Elle fut achetée à raison de 3,90 le kilog. Le jour même de la bénédiction, à une quête faite pendant les cérémonies, on réalisa 40 francs; le même jour, Mme Vve Fau de Laborie, donna en supplément 25 francs; Pléna-coste du Vert, 5 francs et Michel Peyrou de Sa-linhac, 5 francs.

Nous n'avons pas de détails sensationnels sur les cérémonies du baptême. Nous savons toutefois qu'el-les furent présidées par J. Cadet, curé-doyen de Montsalvy, délégué régulièrement par Mgr de Saint-Flour: de Pompignac, en vertu d'un indult aposto-lique.

Sur la cloche, on lit les noms de: Triadou, fon-deur, Dubois Pierre, parrain, Pélisol Marie, mar-raine, Louis Vidalenc, curé.

La suspension est loin d'être perfectionnée; les coussinets ne sont pas articulés; nous n'insistons pas.

Terminons ce long résumé par un petit détail: la sonnette, pour le remplacement de laquelle on acheta la cloche, l'humble sonnette qui servit dix ans à réu-nir les fidèles le dimanche, la semaine et même les jours d'enterrement, fut remisée à la sacristie, sans plus de bruit qu'elle n'en savait faire, avec tous les honneurs dûs aux services humbles, mais bien utiles qu'elle avait si longtemps rendus. Plus tard, elle fut revendue à un prix assez avantageux. Le plus curieux de l'affaire, c'est qu'en conseil de fabrique on prit pour cette vente une longue délibération: « M. le président fait observer que le sieur Vinatier, maître-maçon, entrepreneur des maisons d'école de Lapey-rugue, a voulu donner 18 francs d'une petite cloche — cinq kilogs — appartenant à la fabrique de la dite église. Considérant que cette clochette n'est plus d'aucune utilité, les membres du conseil sont d'avis qu'on la cède au sieur Vinatier pour la somme de 18 francs. Sur la demande du président, les membres du Conseil autorisent M. le trésorier à encaisser au plus vite la dite somme de 18 francs » (2 mai 1886). La clochette fut rétrocédée par son nouveau propriétaire à la commune et nous croyons qu'elle a servi et peut-être sert encore à appeler nos bambins et bambines, marmaille et marmots, à l'école, où entre parenthèses ils sont assez sages.

Nous verrons au chapitre suivant, comment, faute de clocher, la « Marie-Louise » fut tout d'abord, simplement appendue sur la place publique, pittoresquement et ingénieusement, entre deux troncs d'arbres. Nous certifions l'authenticité de ce détail.

§ II. — LA CATHERINE-JULIE

Une deuxième cloche fut achetée en 1882 et baptisée le 9 janvier 1883.

Le sieur Guillaume Trenty de Leucamp, décédé le 23 juillet 1879, avait légué en mourant 400 francs à la fabrique de Lapeyrugue. Ce legs provoqua sans doute quelques difficultés d'acceptation; nous lisons dans une délibération en date du 4 avril 1880 : « Le Conseil de fabrique, vu le testament du dit Trenty Guillaume, attendu que l'acceptation du legs contenu au dit testament, créerait des dépenses : droits me mutation, frais d'acceptation, auxquelles la fabrique pourrait difficilement faire face, puisqu'elle n'a pas en ce moment et ne peut avoir de longtemps de fonds disponibles déclare ne pas accepter la délivrance du legs, y renonce purement et simplement, prie M. le Président de ne faire aucune démarche à ce sujet. » Tous les membres signèrent.

Les choses s'arrangèrent, apparemment sans grands frais ; un an plus tard, le 24 avril, la fabrique, grâce à l'intervention de deux fabriciens, entrait en possession du legs. « Les membres du Conseil de l'église de Lapeyrugue déclarent avoir reçu par l'entremise de Lucadou Pierre, de Molèdes, et Bastid Jean, de la Bournionne, la somme de 400 francs, légués par feu Guillaume Trenty. Dont quittance pour la dite somme de 400 francs. » Délibération du 24 avril 1881.

Nous n'insisterons pas davantage sur cette affaire, ni sur les félicitations auxquelles auraient droit MM. Lucadou et Bastid.

Ces 400 francs servirent d'entrée de jeu pour l'achat de la deuxième cloche qui nous occupe.

Un second à-compte fut dû à la générosité de Julie Lucadou de Molèdes (+ 1892). Elle donna 200 francs, sous une toute petite condition qu'il est inutile de mentionner.

On tenta d'arracher pour la première fois, une subvention à la commune. Le conseil municipal avait promis 250 francs, comme en fait foi cette délibération du conseil de fabrique signée par tous les fabriciens et par M. Lucadou, maire (premier avril 1883). « M. le président donne la parole à M. Lucadou, qui expose que le Conseil municipal de la commune, ayant manifesté l'intention de voter à la prochaine session de mai, une somme de 250 francs comme subvention à la fabrique pour l'achat de la nouvelle cloche, il y a lieu d'autoriser M. le trésorier de la fabrique à encaisser la dite subvention. Après l'invitation qui lui en a été faite par M. le président, le Conseil de fabrique a autorisé M. le trésorier à encaisser en temps opportun la dite subvention que le Conseil municpal se propose d'accorder. »

Remarquons ces mots: le conseil municipal manifeste l'intention de voter..., le conseil municipal se propose d'accorder... Bref, la subvention ne fut pas versée. Nous avons contrôlé vainement les comptes de 1884, 1885 et 1886.

Nous n'entrerons pas ici, comme précédemment, dans des détails infimes, pour éviter les longueurs.

La cloche porte les noms de Lucadou Pierre parrain, Catherine Couderc veuve Delpuech, marraine, Jean Félix, curé, Triadou, fondeur.

La cloche fut baptisée solennellement le 9 janvier 1883, en une cérémonie qui commença à onze heures du matin. Etaient présents: officiant: Combadières, curé-doyen de Montsalvy; parrain: Lucadou Pierre; marraine: Catherine Couderc, veuve Delpuech de Lassale. L'abbé Sarrauste de Menthières, l'abbé Cheylus, curé de Labesserrette, l'abbé Reyroles, curé de Murols (Aveyron), l'abbé Cestrières, curé de Pons, l'abbé Théron, vicaire de Leucamp, l'abbé Sénézergues, vicaire de Montsalvy, l'abbé Félix, curé de la paroisse, et Lavergne, instituteur à Lapeyrugue, assistèrent comme témoins et signèrent la pièce officielle de constat.

La bénédiction fut faite en vertu d'une autorisation de Mgr Baduel, évêque de St-Flour en date du 9 octobre 1882.

Notons en terminant ce chapitre des cloches : elles portent fort loin, par-dessus le Goul jusqu'aux pays du Rouergue, aux Matines et à l'Angelus, les louanges divines. Leurs notes argentines, égrenées avec volubilité, savent pleurer et chanter tour-à-tour, pleurant les morts, chantant les hyménées et les baptêmes, appelant les gens à la prière et à des cérémonies où souvent, même les semaines sans travail, disons-le avec amertume, ils ne viennent pas.

Clocher

Remarquons d'abord qu'une cloche de 300 kilogs (coût 1166 francs), appartenait déjà à Lapeyrugue que le clocher n'était pas encore édifié. Tout d'abord la cloche fut placée sur la place publique, entre deux arbres, où sa position aussi insolite que pittoresque, attirait et égayait les regards de tous.

La construction d'un clocher entrait dans les vœux ardents du curé. Celui-ci, avant même de réunir les ressources nécessaires, fit exécuter des plans et devis. Ils furent faits par M. le curé de La Capelle-del-Fraysse : J. Raoux, qui livra son travail le 10 mars 1863. Ces plans existent encore dans les archives. Ils ne flattent pas la vue par leurs couleurs criardes, mais la justesse des traits et la précision des détails en font un spécimen remarquable.

Le prix de revient de toutes les bâtisses s'élevait, d'après le compte de l'architecte, à 2.963 fr. 85.

C'était une grosse affaire pour Lapeyrugue, où comme toujours, on se heurtait à l'inflexible pénurie de ressources. Grande sans doute était la bonne volonté des paroissiens et leur désir de parachever l'église ; cependant les quelques sacrifices qu'ils pouvaient consentir restaient bien au-dessous du chiffre nécessaire.

Sur les instances de l'Evêché, on se détermina à demander des secours à l'Etat et à la commune. « Le Conseil de fabrique, lisons-nous dans la délibération du 12 avril 1863, approuve les plan et devis présentés; mais, vu les sacrifices énormes antérieurement faits, la section est réduite à un tel état de gêne qu'il lui est impossible de faire des frais complémentaires. La fabrique se trouvant sans ressources, grevée même d'une dette énorme pour le pauvre pays, le Conseil regrette vivement de ne pouvoir concourir à la dépense du clocher; il demande instamment qu'il y soit pourvu par la commune conjointement avec les souscriptions volontaires, et avec l'aide de l'Etat; il espère avec confiance que ce concours ne lui sera pas refusé; jamais en effet l'Etat ne peut venir au secours d'une paroisse qui soit dans un plus pressant besoin et qui ait autant de titres à sa commisération. »

La paroisse était pauvre sans doute; inutile pourtant d'ajouter que tous ces termes: au secours, état de gêne, pressant besoin, commisération, etc., n'étaient là si nombreux et si suppliants que pour les besoins de la cause. Il était juste d'ailleurs que l'état employât enfin en faveur de Lapeyrugue une très minime part des sommes affectées chaque année aux réparations cultuelles. De toutes les charges et travaux énumérés jusqu'ici et accomplis par les Lapeyrugiens seuls, il ressort avec évidence que Lapeyrugue avait certainement droit à quelque abondante subvention, autant et plus que toute autre paroisse.

On écrivit au préfet. Celui-ci transmit le 21 mai, au ministre des Cultes, la demande des fabriciens, appuyée de son avis favorable. Dans une lettre adressée au curé de Lapeyrugue, le préfet insinuait qu'il serait peut-être utile de provoquer l'intervention de M. de Parieu. Nous ne savons si on invoqua l'appui de M. de Parieu sénateur du Cantal, ancien ministre de l'Instruction publique, ou s'il intervint, toujours est-il que le ministre accorda seulement un dérisoire secours de 200 fr.

La commune s'imposa de 500 fr; on fit circuler les listes de souscriptions; puis comme toujours, les habitants de Lapeyrugue promirent les uns des journées d'homme, les autres des journées de bestiaux, pour la main-d'œuvre et le transport des matières premières.

En général, les Lapeyrugiens donnèrent peu d'argent; de l'addition des listes retrouvées — s'en serait-il égarées? — je n'ai pu constater, sur une population de 500 âmes, qu'un versement de 264 fr. 50.

Un accident imprévu précipita l'ouverture des travaux. L'échafaudage provisoire, où était isstallée la cloche, menaça de crouler; on ne pouvait plus sonner sans danger, et d'après des renseignements privés, il paraîtrait que pour ne pas risquer une perte possible, on descendit la cloche et l'on revint à la sonnette, la fameuse sonnette dont il a été question au chapitre précédent.

M. le curé Vidalenc fut surveillant des travaux.

Le clocher a 12 m. 50 de hauteur, 5 m. 50 de flèche, une largeur de 4 mètres; il est carré, avec trois travaisons. L'arceau du porche, tout en pierre de taille, a dix centimètres de hauteur et vingt centimètres de largeur de plus que la porte de l'église ; la poussée de l'arceau est paralysée par deux éperons parallèles, ayant un mètre chacun de base carrée et s'élevant par une diminution proportionnée jusqu'au-dessus de l'arceau.

Le clocher est construit à la porte de l'église, à laquelle il sert ainsi de porche.

L'entrepreneur, Daulhac aîné, de Vaurs, commune de Labesserette, après exécution des travaux, fut payé 750 fr. Le crépissage coûta 107 fr. Nous n'énumérerons pas toutes les dépenses. Ce serait fastidieux. Notons seulement que d'après les premiers devis estimatifs soumis à la préfecture, le clocher devait coûter 2963 fr. 85. Quand on apprit que le gouvernement n'accordait pas plus de 200 fr., on réduisit les dimensions, et c'est ainsi qu'on donna en hauteur 12 m. 50 — jusqu'a la naissance du comble — au lieu de 15 mètres ; on employa moins de pierres de taille aux angles, au porche, aux corniches ; on fit de mauvais planchers aux travaisons, on ne construisit pas d'escalier, etc.

Le clocher cependant a belle apparence. Bâti sur le mamelon, on distingue de fort loin sa flèche gracieuse, surtout du côté du Rouergue. Ajoutons qu'on le redoute un peu. Ses cloches obtiennent généralement un résultat positif, quand, au moment des tempêtes, elles essaient de diviser, par un tintamarre désordonné, les nuées au flanc noir, recéleuses de grêle, la terrible faucheuse. C'est ici une habitude invétérée de carillonner à perdre haleine, à l'approche de tout ouragan, sans souci des paroisses voisines. Nos gens,

sur ces coteaux arides, savent le prix des récoltes per-
dues. Ils préfèrent essayer d'esquiver l'orage, que
compter, après le désastre, sur les secours parcimo-
nieux et mesquins de l'Etat. Celui-ci accorde — quelquefois — des indemnités, mais ces indemnités se dis-
tribuent bien tard et puis elles sont trop maigres,
puisque généralement, répartition faite, elles varient
de quatre sous à cinq francs.

Carillonner pendant l'orage, est, dit-on, dangereux,
pour le sonneur. Disons qu'on ne sonne ici que pour
les orages venant du côté de Labesserette, les autres
vents ne nous apportant généralement que du tonner-
re « de fer blanc ».

Camp del Puech

On appelle ainsi un champ d'une superficie de 25 ares environ, donné à la fabrique de Lapeyrugue par Marguerite Marty, en 1855.

Ce champ est bien dénommé, il se trouve en effet sur un mamelon, un « puet ». C'était autrefois un terrain à peu près inculte, ne servant qu'à faire paître quelques moutons; la terre arable pourtant n'y manque pas; aujourd'hui il a acquis une plus-value: le fait de la construction de l'église a amené autour du mamelon quelque animation les dimanches, fêtes, enterrements, neuvaines, mariages, etc.; les habitations s'y élèvent peu à peu, les terrains par suite y sont plus recherchés et surtout, si ce terrain n'est jamais acquis pour des bâtisses quelconques, il sera d'une commodité extrême pour la culture; à ce titre il peut bénéficier d'une plus-value assez considérable.

Ce champ, de par la loi de la Séparation, a été indûment volé à l'église.

Il fut donné par testament daté du 28 décembre 1855.

Le terrain fut délivré en 1861, suivant acte ci-dessous, signé par Pierre Lucadou : « Je soussigné, Pierre Lucadou du village de Molèdes commune de Labesserette, canton de Montsalvy, agissant en qualité d'héritier légataire universel de feue Marguerite Marty mon arrière-tante, entendant et voulant exécuter ses dernières volontés, je consens volontairement et librement à la délivrance de la terre appelée Camp del Puech, située près de l'église de Lapeyrugue, laquelle terre a été léguée dans toute sa contenance par la dite Marguerite Marty à la fabrique de l'église de Lapeyrugue, à la charge par cette dernière ou par le prêtre qui la desservira d'exécuter ponctuellement les clauses exprimées dans son testament passé devant M. Marc, notaire à Ladinhac, le 28 Décembre 1855. » (Fait le 25 Mars 1861).

Les clauses ci-dessus exprimées étaient les suivantes: la fabrique devait pendant vingt-sept ans faire célébrer trois messes basses par an aux intentions de Marguerite Marty. Ces conditions furent soigneusement et fidèlement exécutées.

Les délibérations du conseil de fabrique mentionnent naturellement cette donation. Voici ce qu'on lit à la date du 7 Avril : « M. le curé propose au conseil l'acceptation du legs fait par Marguerite Marty de Molèdes, d'après son testament passé devant M. Marc, notaire à Ladinhac (le 28 Décembre 1855); le legs est accepté avec toutes ses charges; le Conseil autorise son trésorier: Jean-Pierre Plénacoste, à faire toutes démarches voulues pour l'acceptation. Ainsi en a été délibéré et conclu, et ont signé tous les membres. »

La fabrique de Lapeyrugue paya même les frais d'enregistrement, comme en fait foi un acte signé par P. Lucadou, héritier universel de Marguerite

Marty. Cet acte est ainsi libellé : « Je déclare avoir reçu de la fabrique de Lapeyrugue le montant des frais d'enregistrement que j'ai avancé pour le legs en question — legs Marty —; ainsi que d'autres dépenses occasionnées pour l'acquisition du dit legs — dont quittance — Fait à Lapeyrugue le 25 Mars 1861 ».

Le champ « del Puech » est limité en 1908 : au nord par le chemin de l'église à la mairie, à l'ouest par le jardin Bioulac, à l'est par le terrain des écoles, au sud par la propriété Vermerie. Ce dernier terrain appartenait à J. Cassan du Mas, il fut acheté par L. Vermerie du bourg par acte du 15 Février 1908.

Au-dessus du chemin de l'église à la mairie, se trouvent quelques arbres qui dépendent du champ.

Nous ferons simplement remarquer que le Séquestre n'a pu trouver d'adjudicataire, à deux tentatives consécutives de location. Nous félicitons les Lapeyrugiens d'avoir compris leur devoir et nous ajouterons que jusqu'à arrangement officiel entre le Pape et l'Etat, ce bien, légitimement bien d'Eglise, ne peut, à moins d'autorisation épiscopale, être loué ni acheté sans qu'on s'expose aux peines canoniques.

Chemin de Croix

Le 1ᵉʳ chemin de Croix fut acheté vers 1848, à l'époque même de la construction de l'église, ou peu après.

Il se ressent de la pénurie où se trouvaient à ce moment les Lapeyrugiens. Ceux-ci absorbés par l'église, œuvre colossale pour eux, voyaient leurs ressources diminuer dans de grosses proportions. Le chemin de Croix, très humble, très simple, très peu esthétique, aux tableaux grossièrement coloriés surmontés d'une croix véritablement primitive, était très peu décoratif. Tel quel, et en attendant mieux, il fut érigé le 6 Avril 1849 par M. Bioulac, vicaire à Pons. Nous rapportons ici le libellé de la feuille d'autorisation de Mgr l'évêque, pour cette raison : on a rarement l'occasion de parcourir ces sortes de pièces officielles, d'un genre à part.

« Frédéric-G-M-F. de Marguerye, par la miséricorde de Dieu et la grâce du St-Siège Apostolique évêque de St-Flour, voulant favoriser la piété des fidèles de notre diocèse, leur faciliter les moyens de méditer sur la passion de N. S. Jésus-Christ et leur ménager les fruits abondants de vie et de salut attachés à ce pieux exercice, en vertu des pouvoirs à nous accordés par rescrit de notre S. P. le Pape Grégoire XVI, autorisons l'érection du Chemin de Croix dans l'église de Lapeyrugue et déléguons à cet effet, M. Théron ou tout autre prêtre qu'il choisira lui-même, pour bénir solennellement les Croix, tableaux et y attacher les indulgences accordées par les Souverains Pontifes.... etc., etc.

En 1881, M. Félix, curé, érigea un second Chemin de Croix. Nous n'avons pu dans le cahier des délibérations trouver la moindre indication sur le prix, la provenance. Nous savons seulement que l'érection fut présidée par M. Combadières, curé-doyen de Montsalvy.

Ce chemin de Croix n'a pas aujourd'hui grande valeur. Des détériorations successives depuis 30 ans, l'action lente, imperceptible mais réelle des ans et de l'humidité, l'ont par trop défraîchi. Il vaut présentement, croyons-nous, à peine vingt-cinq francs. Cependant, au moment de l'inventaire maçonnique de 1906, il fut estimé par l'agent gouvernemental, cinquante francs. Etait-ce ignorance ou sectarisme? haine et passion antireligieuse?

Disons encore : d'après le rescrit d'érection, tout fidèle qui visite les stations et remplit les conditions prescrites, peut gagner chaque fois les nombreuses indulgences attachées à l'exercice du Chemin de croix. C'est pour rappeler ce seul détail que nous avons ajouté, vaille que vaille, le chapitre présent.

Saint Vincent de Paul

St-Vincent de Paul est le patron secondaire de la paroisse. St-Vincent fut l'apôtre de la charité. A ce titre, son choix comme protecteur de Lapeyrugue est à la fois tout significatif et tout heureux.

C'est M. Vixège, curé de Lapeyrugue de 1866 à 1877, qui mit à exécution son projet de donner un second patron à sa paroisse. « L'église de Lapeyrugue, écrivait-il à l'Evêché de St-Flour, a été dédiée à la Ste Vierge sous le titre de l'Assomption. Je désirerais donner à la dite église un patron secondaire : St-Vincent de Paul. La multiplicité des intercesseurs dans le ciel ne peut que nous être utile ; et St-Vincent est un saint si illustre, je ne doute nullement que son précieux patronage ne porte bonheur à ma paroisse.

D'autre part, l'Assomption de la T. S. Vierge étant fêtée dans toutes les églises, il s'ensuit que ma fête patronale ne peut jamais avoir la solennité du concours de mes confrères. »

Pour ces diverses raisons, M. Vixège exprimait le désir d'obtenir de Mgr l'Evêque, ou du Souverain Pontife si besoin était, les pouvoirs nécessaires.

Quelques mois plus tard, l'autorisation arrivait. Sans plus tarder, on dédia dans l'église une chapelle à St-Vincent, on acheta en son honneur une statue entièrement dorée, et sans doute on célébra à cette occasion des solennités spéciales. Les registres cependant sont muets sur ce point particulier, et les renseignements oraux, recueillis à diverses sources, sont assez contradictoires.

Notre église possède quelques reliques de St-Vincent. Elles furent données le 2 Janvier 1869 par le Supérieur Général de la Congrégation de la Mission, congrégation dont St-Vincent de Paul fut le fondateur. Mgr l'évêque de St-Flour autorisa, le 7 Janvier 1869, l'exposition et la vénération de ces reliques. Les pièces justificatives se trouvent dans les archives paroissiales.

Nous exprimons ici les regrets les plus vifs sur la déchéance où est tombée cette fête. Elle passe aujourd'hui absolument inaperçue. Tous les paroissiens ignorent en fait que St-Vincent est leur patron secondaire. Un projet de résurrection de cette fête aurait-il chance de réussite? Il n'y faudra penser que si les Lapeyrugiens, par leur piété et leur générosité, malgré les charges de la loi de Séparation, parviennent à éviter la fermeture de leur église ou simplement la disparition de leur curé.

Divers achats pour l'ornementation de l'église

Outre les dons déjà mentionnés au cours de cet opuscule, voici par rang d'importance les gros achats effectués :

Maître-autel. — Le premier maître-autel fut offert par R. Delzons, des Cazottes. Un second autel, plus élevé, plus ouvragé et d'une commodité plus grande, fut acheté par la fabrique en 1852. Le maître-autel actuel date de 1898 ; il coûta 725 fr. payés : 500 francs au moment de l'achat, le surplus au moyen d'un crédit annuel de 112 fr. 50.

Le second maître-autel fut transféré dans la chapelle de Saint-Vincent où on le voit encore.

Dallage de l'église. — Un don anonyme de 1.000 francs, fait en 1884, permit de cimenter toute l'église. Le travail fut fait en 1886. Primitivement, le dallage était en planche.

Ce magnifique don anonyme de 1.000 francs proviendrait, d'après quelques-uns, de la vente d'une maison occupée actuellement par Louis Andrieu du bourg. Pour d'autres, ce superbe don doit être attribué à Sœur Marie Tauran, religieuse de Notre-Dame, autrefois institutrice à Lapeyrugue. Le départ de cette sœur-institutrice provoqua à Lapeyrugue des regrets unanimes et profonds. C'est encore à cette charitable religieuse qu'on attribue l'achat du second chemin de Croix, de la table de communion (coût 120 fr.) et une foule de menus dons.

Statues. — Celle de Saint-Joseph fut achetée par M. Delrieu, curé, avec le produit d'une quête faite en 1903, auprès des paroissiens de Lapeyrugue domiciliés à Paris.

La statue de N.-D. de Lourdes, placée dans l'église vis-à-vis de la statue de saint Joseph, fut offerte par la famille Andrieux, résidant à Lamayou. Ce don pieux fut effectué pour solliciter de la Reine du Ciel des grâces qui, disent les documents, furent largement accordées.

Fonts baptismaux. — Ils furent offerts en grande partie par M. Vidalenc, curé de la paroisse, deux de ses confrères dont les noms ne sont pas cités, et quelques autres paroissiens charitables.

Drap mortuaire. — En 1867, grâce au produit d'une loterie tirée dans la paroisse, grâce, pour le surplus, à une offrande faite moitié par M. Bru de Louradou, et moitié par la famille Bouygues-Fournier du Terradou, domiciliés à cette époque à Paris, on acheta un beau drap mortuaire dont l'église avait certainement un besoin indispensable.

Grande Croix. — Nous appelons ainsi la Croix élevée sur la place publique, en face l'église, où stationnent les processions dominicales. Cette croix fut payée: achat, piédestal et pose par Baptiste Lucadou-Rigal de Molèdes. J. Félix était à cette époque curé de la paroisse, et Pierre Lucadou, frère du donateur, maire de la commune. Une plaque commémorative, encore assez bien conservée et assez lisible, en fait foi.

Cimetière

Cimetière. — Il fut construit sur l'emplacement vendu à la paroisse par J. Cousségal de Fombalès (Voir l'acte de vente au chapitre presbytère).

Nous parlerons ici du cimetière pour faire la simple constatation suivante: les travaux de clôture et d'entretien incombaient certainement à la commune. Cependant ils furent à la charge des paroissiens. Il en fut du cimetière, comme du presbytère et de l'église; les paroissiens ont tout construit sans aucune aide officielle.

Dans le cimetière, reposent à l'heure actuelle les corps de 537 Lapeyrugiens. Peut-être transcrirons-nous plus tard ces noms, en même temps que diverses autres indications contenues dans les registres de catholicité.

CONCLUSION

Nous pourrions maintenant donner une appréciation sur l'état de la commune, au point de vue religieux. C'est une question épineuse. Nous noterons seulement qu'on n'a peut-être pas donné à la paroisse, à intervalles suffisamment rapprochés, de ces solennelles missions qui grandissent les âmes, «fortifient les justes et convertissent les pécheurs.» Deux missions seulement, croyons-nous, furent prêchées dans l'espace de soixante ans: la première en 1869, donnée par deux missionnaires diocésains, la deuxième en 1901, prêchée par Mgr Usse, vicaire apostolique de la Birmanie Septentrionale. Mentionnons encore que la paroisse de Lapeyrugue n'a jamais fourni de prêtre à l'église, du moins au diocèse de Saint-Flour.

Si maintenant nous nous reportons aux premiers chapitres de ce modeste travail, nous soulignerons encore une fois, très rapidement, les sacrifices extraordinaires, les travaux accablants, la générosité héroïque des Lapeyrugiens d'autrefois. Nous avons fait cet informe résumé à l'intention des Lapeyrugiens actuels. Nous espérons que, connaissant

mieux les efforts puissants de leurs pères, ils s'atta-
cheront davantage à leur église et au culte. L'église
coûta des efforts surhumains. Cette œuvre sublime
de foi, nous souhaitons que la génération actuelle,
malgré les difficultés de la loi de Séparation, ne la
laisse pas s'étioler et s'éteindre.

Imprimerie Moderne. 6, rue Guy de Veyre — Aurillac.

www.ingramcontent.com/pod-product-compliance
Lightning Source LLC
LaVergne TN
LVHW020213030726